el arte de MORIR
y la pequeña muerte

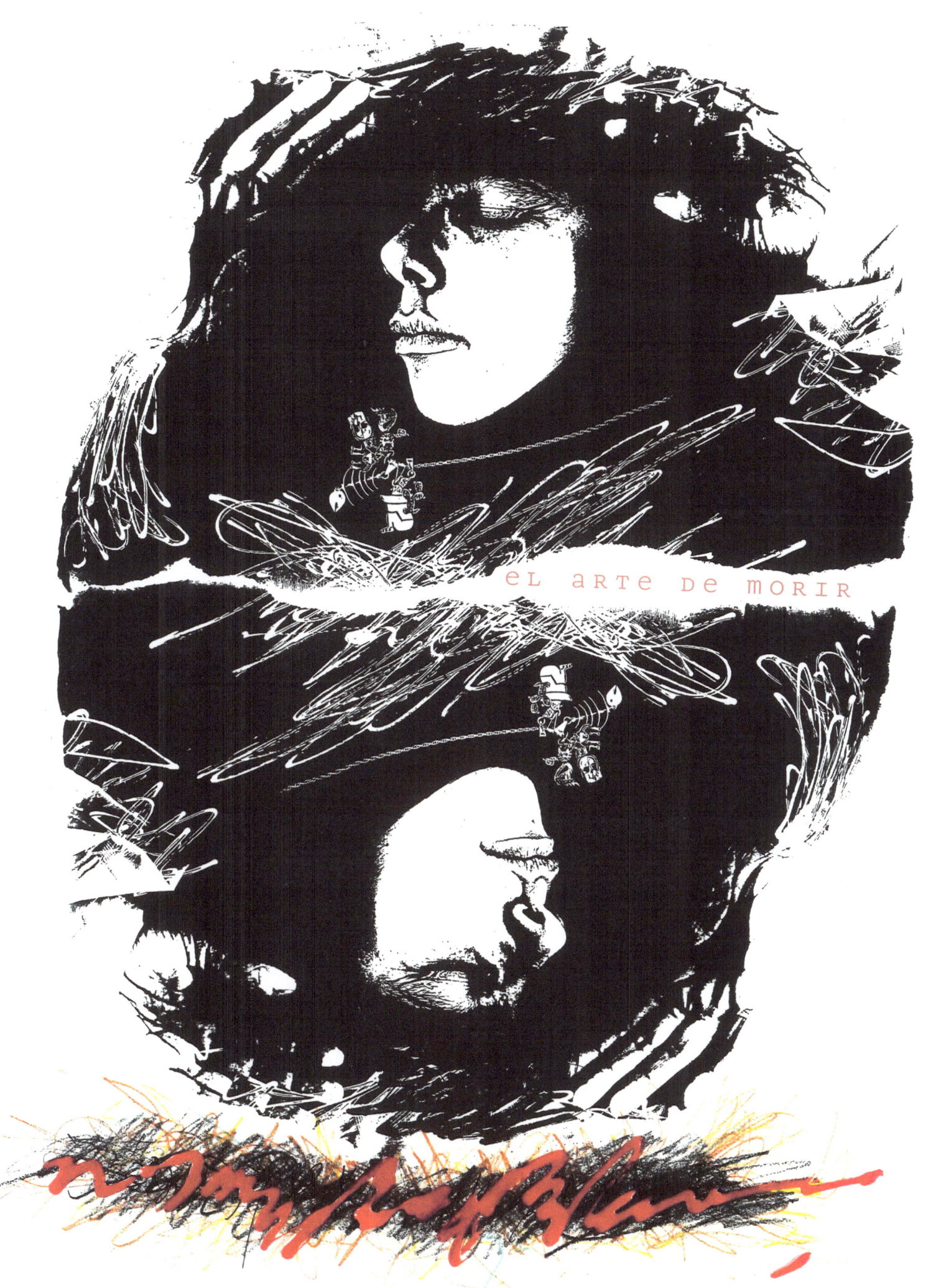

el arte de morir

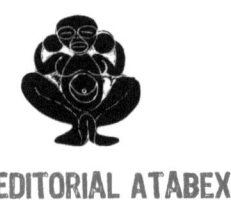

EDITORIAL ATABEX

el arte de morir

La felicidad no hace buena literatura, es una emoción indescriptible menos para los místicos que al igual la describen como el más sublime delirio erótico. Dicen los que saben, que sólo en el dolor, en la incomodidad es posible crear literatura. Un buen drama requiere siempre la alteración de un balance de fuerzas, el disloque de la armonía y la paz.

El punto del desequilibrio es lo que mueve a la acción e inicia el drama. La felicidad o el nirvana es por el contrario un estado del ser, por eso es difícil hacer literatura sobre un estado del ser, no pasa nada, no hay historia.

Sólo la poesia escapa un poco de esta dinámica, la poesía mística y la erótica. Sé que me contradigo, pero aún cuando Anais Nin escribe su *Casa del Incesto*, en esa pieza erótica de amor por otra mujer ! ¡sí! hay mucha desnudez, pero no sólo la corpórea sino la vulnerabilidad espiritual:

> *"Me siento como si fuera un Cristo...sin piel*
> *...todo me toca..me penetra."*

Aún aquí hay algo de dolor, de sufrimiento, algo de lo que dijo Santa Teresa de Jesús:

> *"Vivo sin vivir en mí,*
> *y tan alta vida espero,*
> *que muero porque no muero"*

Sé que lo que digo es totalmente refutable y que tiene su otredad, su reverso, pero también en la pintura olvidamos mucho menos *El Grito*, un cuadro de Edvard Munch del cual el mismo autor escribe:

> *" and the sun went down the sky..then suddenly became blood*
> *and I felt the great scream in nature"*

Recordamos mucho más la centrífuga de estrellas titilantes atravesar el óleo *Noche Estrellada* de Van Gogh. Veo en este alucinante paisaje nocturno la tormenta interior de un pintor que se quitó la vida a los treinticinco años. Un suicida a quien los estudiosos del arte y los sicólogos señalan como esquizofrénico, hasta el grado de atribuirle a su demencia la explosión de colores chiriantes en su obra.

Dedico estos poemas a los amigos muertos por enfermedades incurables, y a mi misma que de alguna manera algo de mi ha muerto con ellos, para renacer en algo que un poeta sufi expresara:

> *"he experimentado setecientos setenta moldes*
> *fui vegetal y me convertí en animal*
> *fuí animal y me converti en persona*
> *soy persona y me convertiré en ángel*
> *y luego me convertiré*
> *en lo que yo mismo no puedo imaginar"*

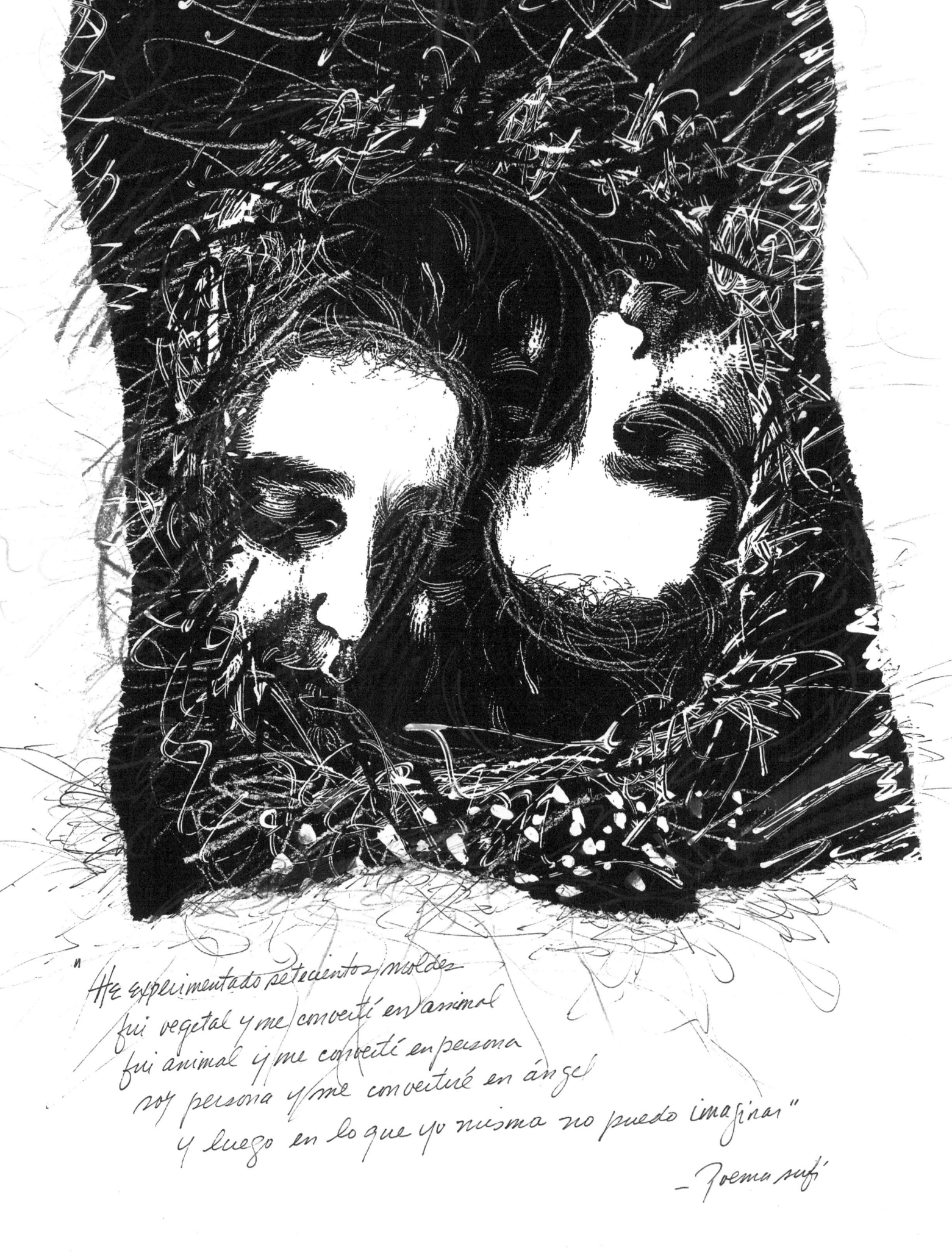

"He experimentado setecientos moldes
fui vegetal y me convertí en animal
fui animal y me convertí en persona
soy persona y me convertiré en ángel
y luego en lo que yo misma no puedo imaginar"

— Poema sufí

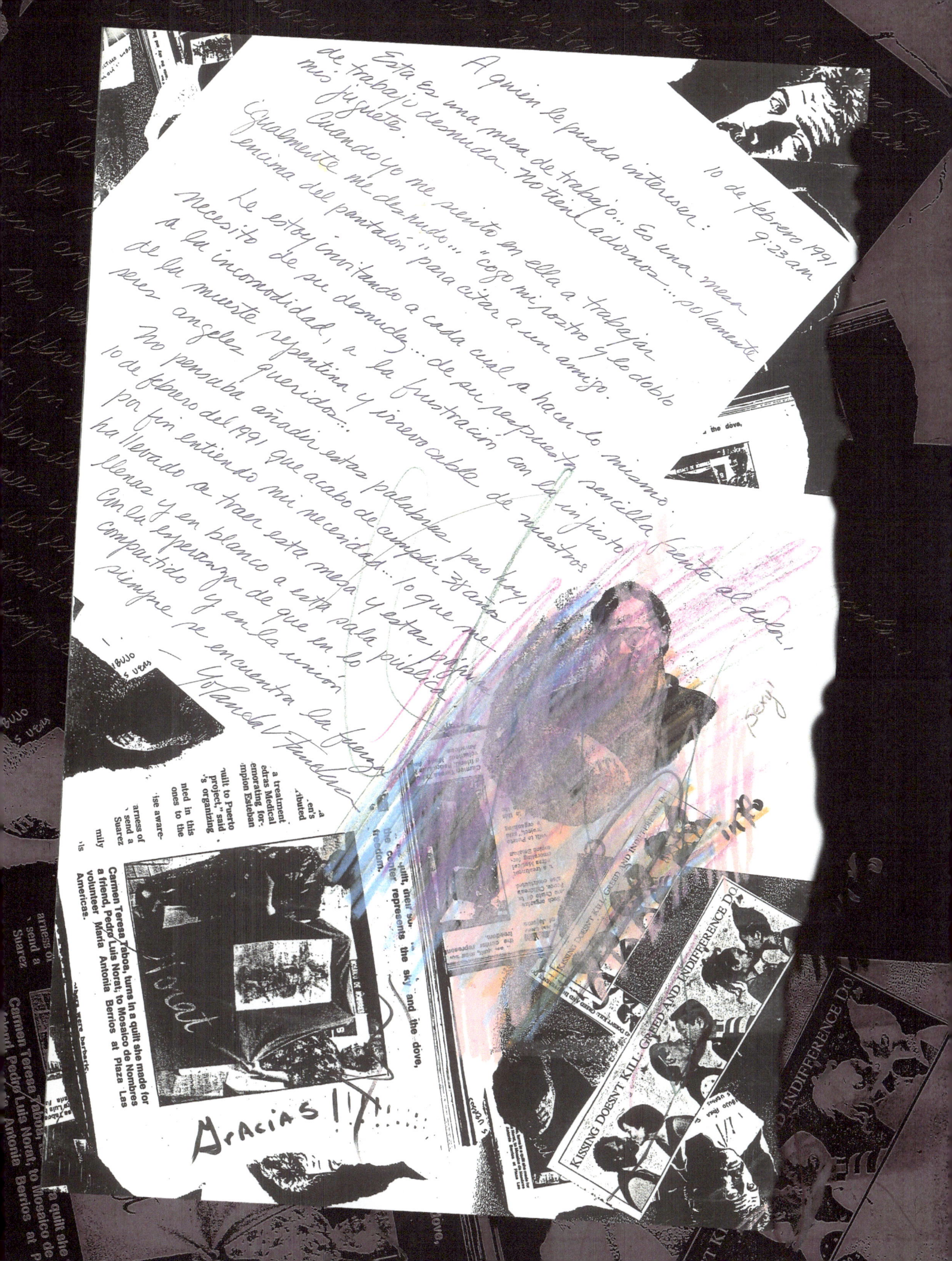

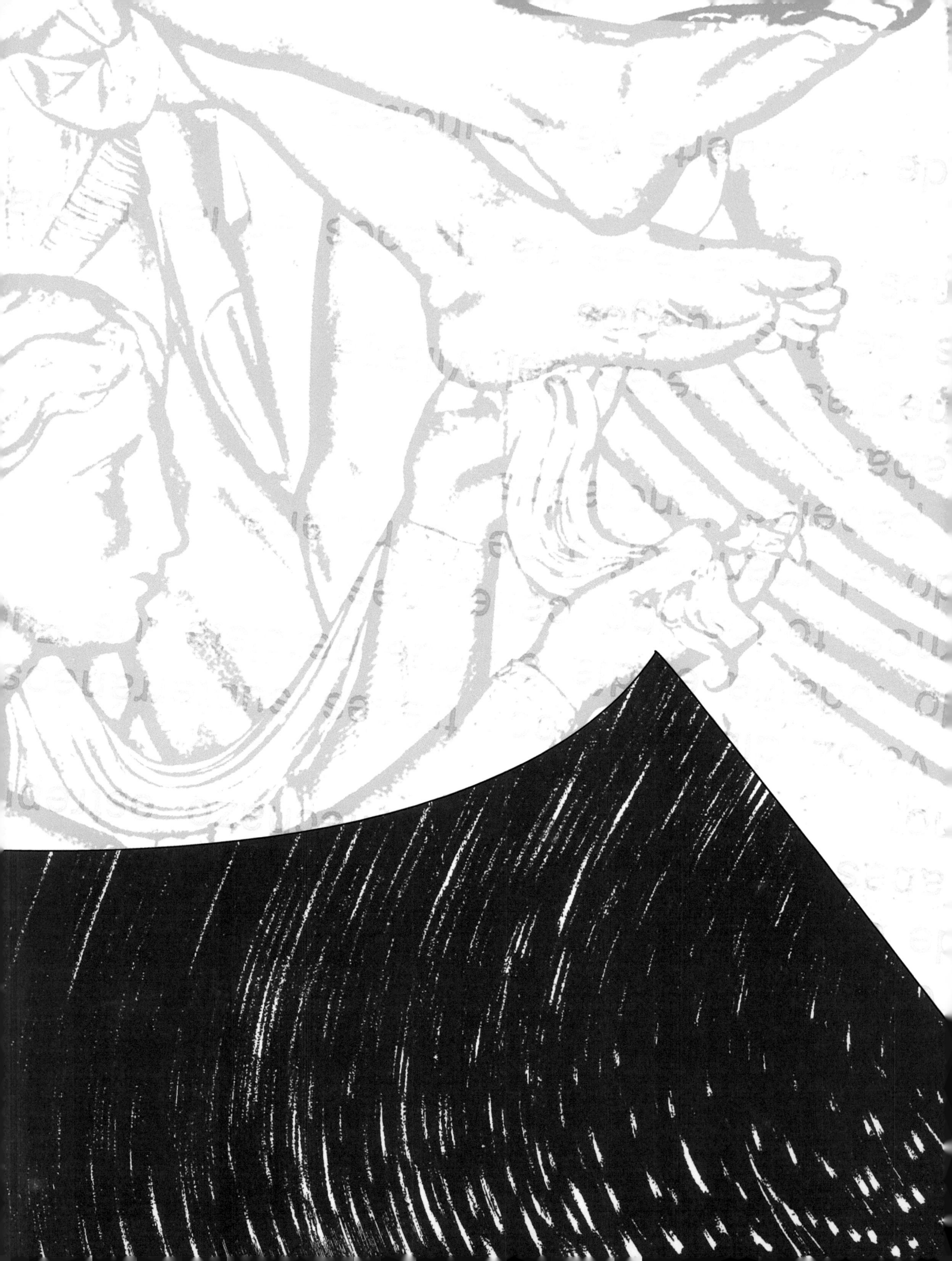

A Manuel Ramos Otero
Escritor

"creo que moriré a los treinta
arrollada por un vehículo
de transportación como Vivian Leigh"
Manuel Ramos Otero

Todavía acaricio tus pies monumentales
largos sarcófagos de tu muerte
y me doy cuenta de que siempre estuviste muerto
y desde ese espacio de la nada
alcanzabas por momentos el flechazo estrepitoso
del amor
ráfaga veloz dibujada por trenes subterráneos
recuerdo todavia el día en que perdiste tus Fuegos Funebres
rastreamos todos los callejones
buscando el manuscrito de tu muerte
blancos papeles ignorados
que viajaban
por las negras cunetas del Village
olvidados de tus fuegos
Rescatamos los papeles bautizados en las turbias aguas
funebres
presagio de tu muerte ya anunciada

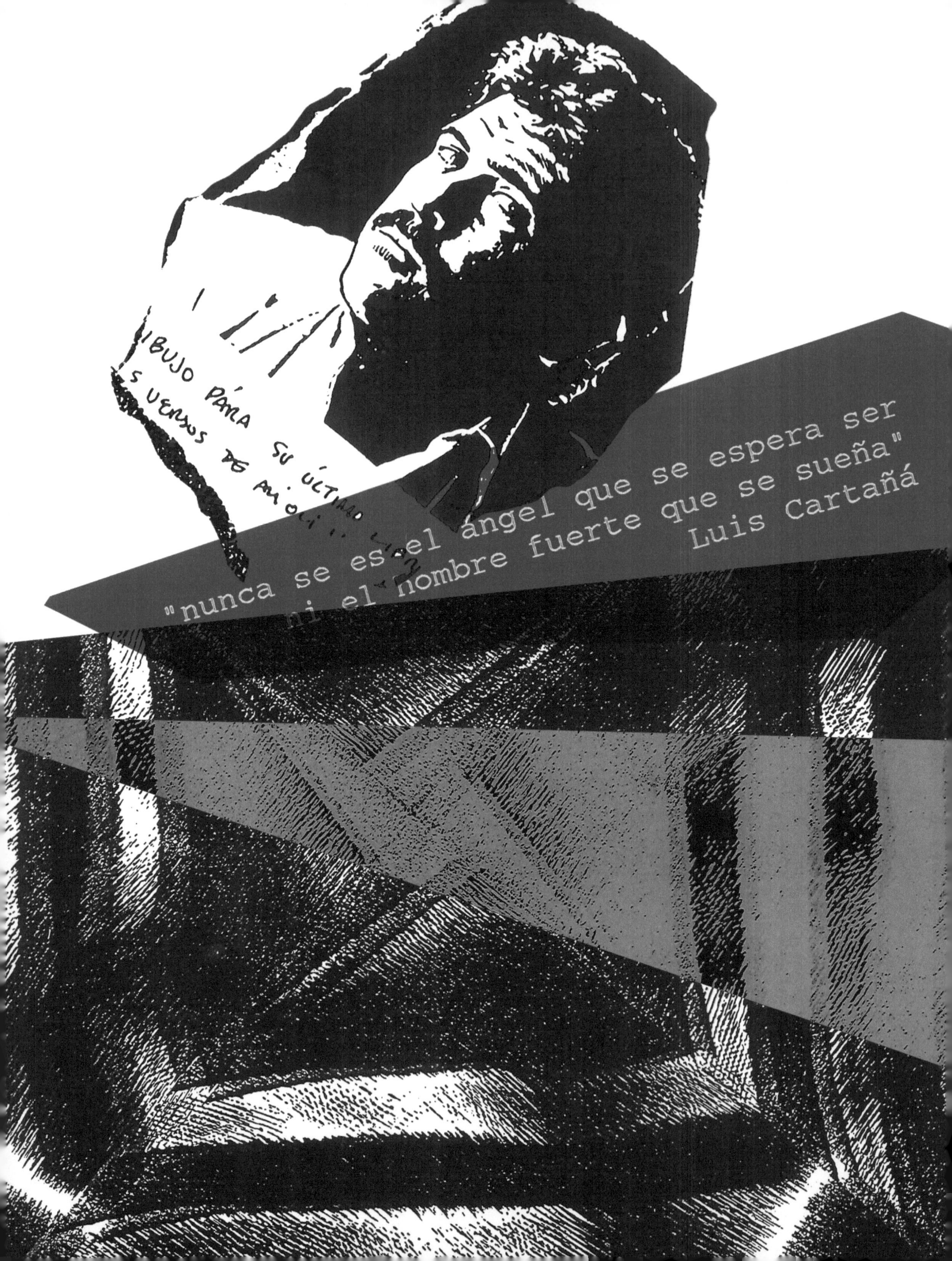

"nunca se es el ángel que se espera ser
ni el hombre fuerte que se sueña"
Luis Cartañá

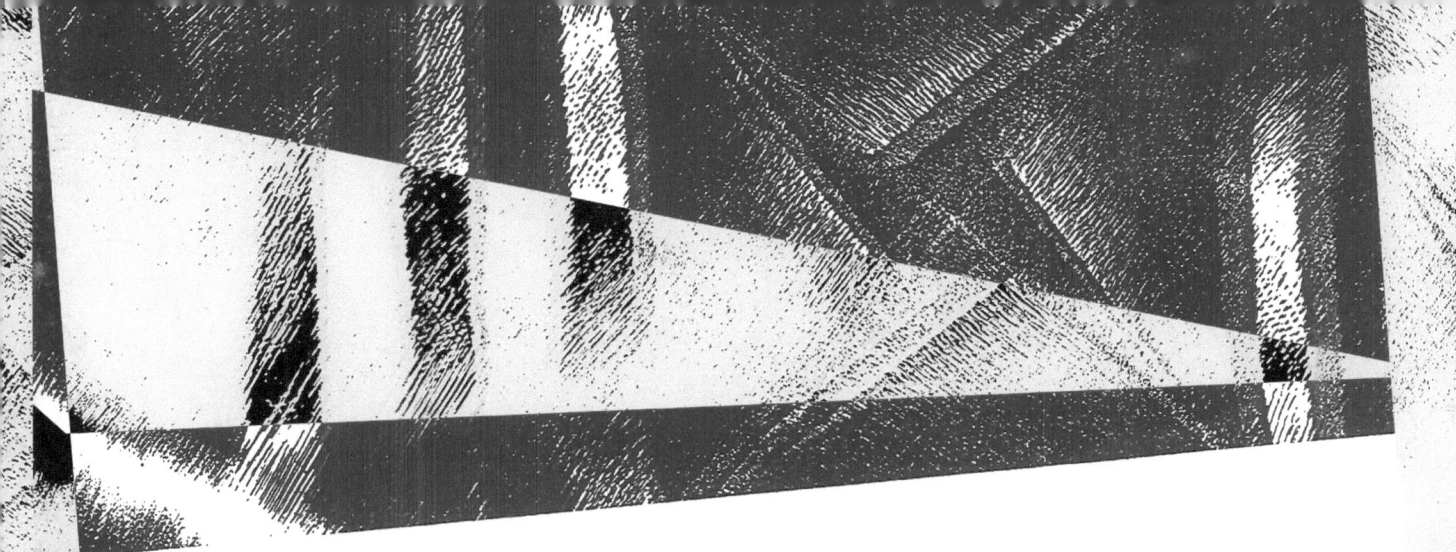

A Luis Cartañá
Poeta

Hoy que el batir de tus alas desordena
los papeles en mi mesa hecha de recuerdos
nunca la vela había quemado tan negra
y sé que me persigue no tu muerte y sí tu vida..
Porque tu muerte me ha robado esa franja de mar
golpeada por tu verso...
ola que poco a poco fue royendo
el tumor en tu cerebro alucinado.
Una vez fuiste devuelto de la muerte,
desde esa otra orilla viste
el rostro de Dios por un momento
y retornaste para contarlo.
Esa indiscreción de ángel caído
fue palabra fatal y tu condena
Hoy que no estás..maldigo haber sido tu cómplice y escucharte
Recuerdo la velada a la luz de otra vela
oscilando al ritmo de un adagio de Albinoni.
Era ley divina que murieses
ya que nadie puede verle el rostro a Dios y no morir.
Yo hubiera preferido tu silencio
mucho más corto que al que ahora tu me has condenado.

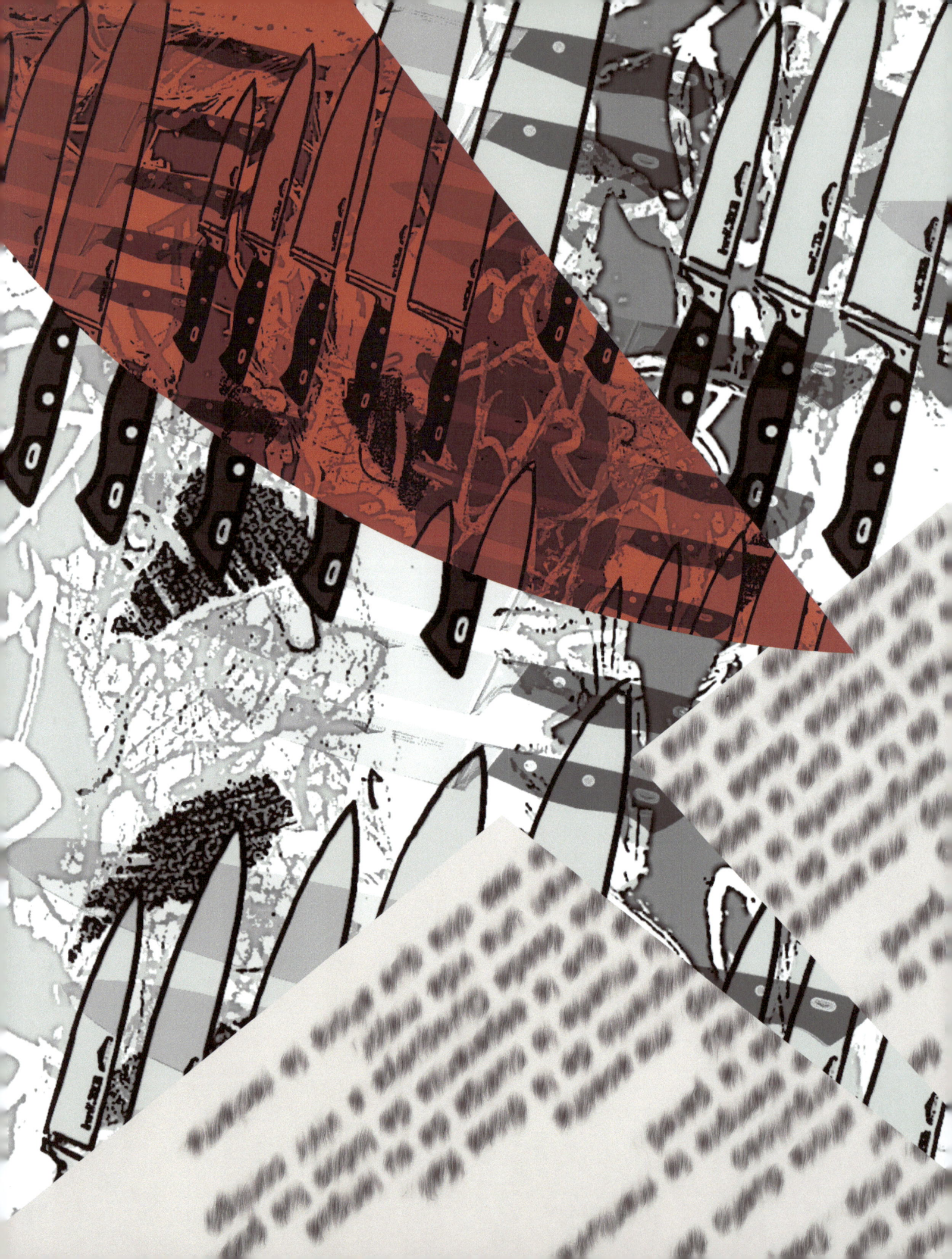

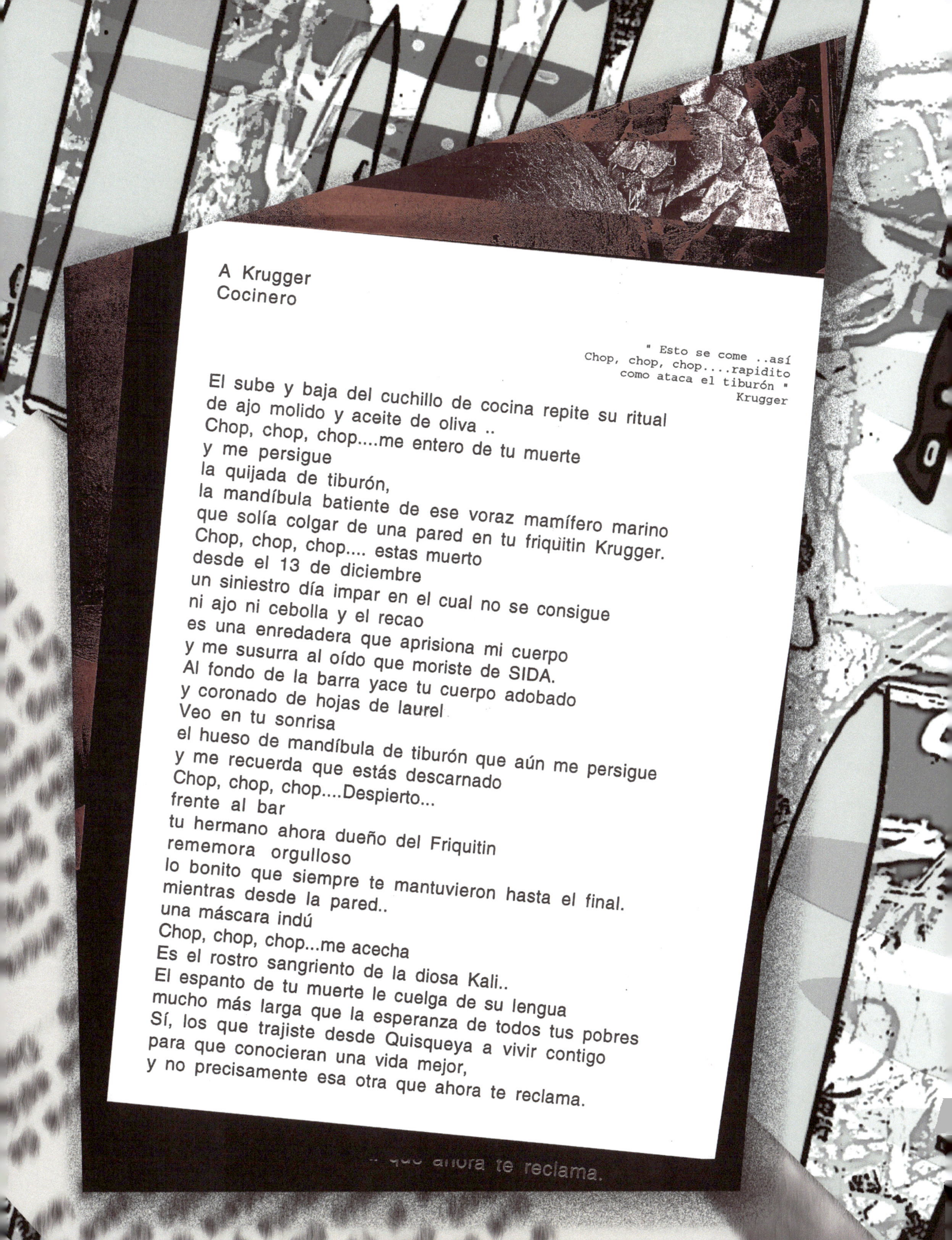

A Krugger
Cocinero

El sube y baja del cuchillo de cocina repite su ritual
de ajo molido y aceite de oliva ..
Chop, chop, chop....me entero de tu muerte
y me persigue
la quijada de tiburón,
la mandíbula batiente de ese voraz mamífero marino
que solía colgar de una pared en tu friquitin Krugger.
Chop, chop, chop.... estas muerto
desde el 13 de diciembre
un siniestro día impar en el cual no se consigue
ni ajo ni cebolla y el recao
es una enredadera que aprisiona mi cuerpo
y me susurra al oído que moriste de SIDA.
Al fondo de la barra yace tu cuerpo adobado
y coronado de hojas de laurel.
Veo en tu sonrisa
el hueso de mandíbula de tiburón que aún me persigue
y me recuerda que estás descarnado
Chop, chop, chop....Despierto...
frente al bar
tu hermano ahora dueño del Friquitin
rememora orgulloso
lo bonito que siempre te mantuvieron hasta el final.
mientras desde la pared..
una máscara indú
Chop, chop, chop...me acecha
Es el rostro sangriento de la diosa Kali..
El espanto de tu muerte le cuelga de su lengua
mucho más larga que la esperanza de todos tus pobres
Sí, los que trajiste desde Quisqueya a vivir contigo
para que conocieran una vida mejor,
y no precisamente esa otra que ahora te reclama.

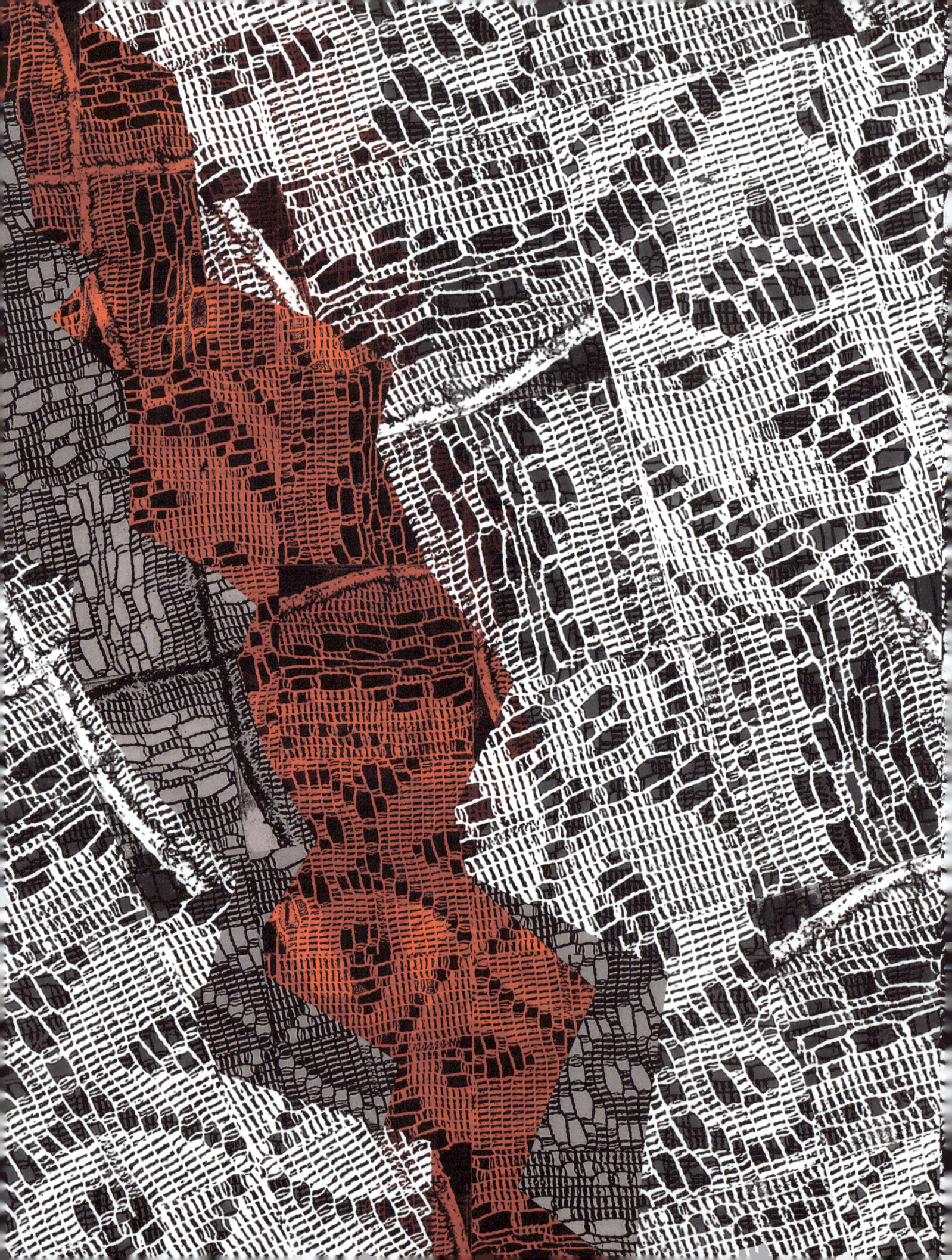

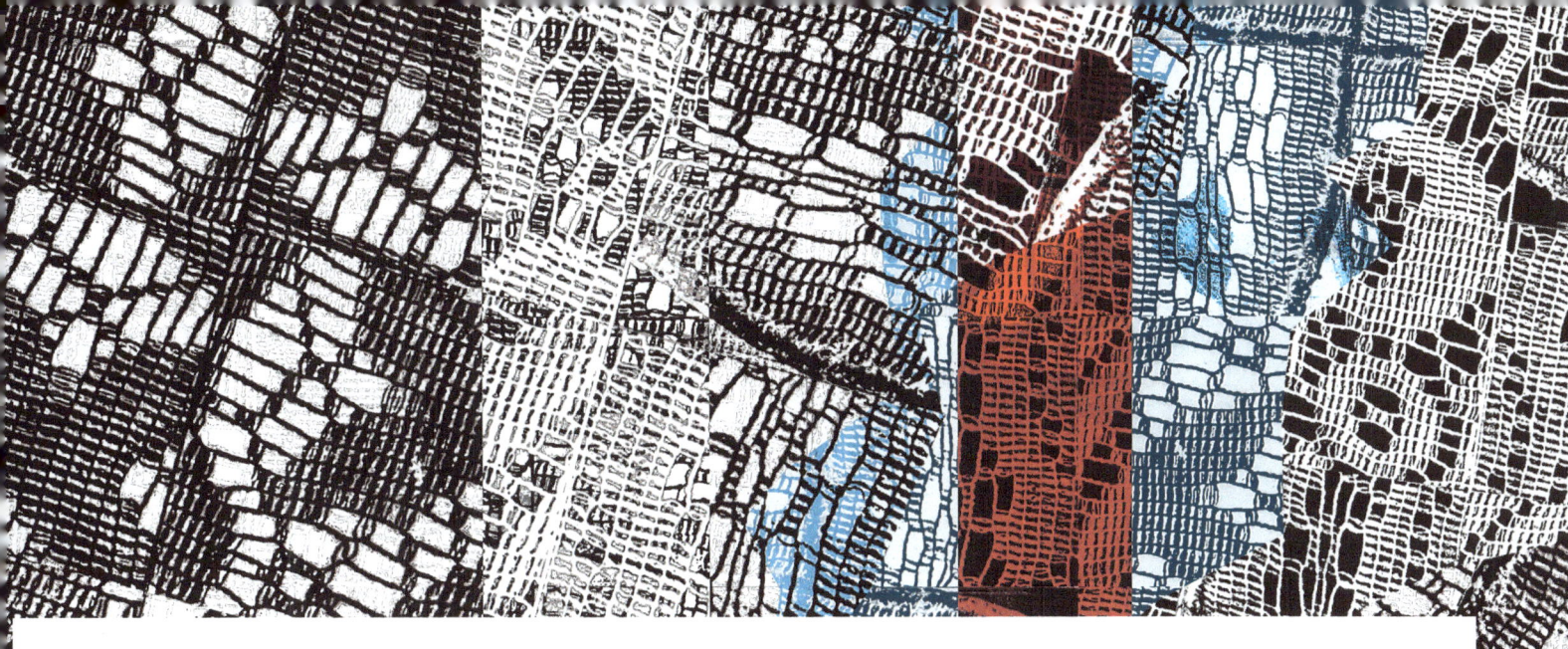

A Pedro Norat
Actor

"una entra a los bares sigilosa"
Pedro Norat

Hay quienes
el estruendo de la guagua
las alarmas de los carros en la noche
o el llanto de un niño les despierta
A nosotros
lo precario del cuerpo que se vacía de sí mismo lentamente
la invasión de manchas en la piel
islas desoladas por mares insalvables de sangre
Hay para quienes el sol mañanero cuela por las celosías
la expectativa de un encuentro...
Pero a nosotros nos despierta
el dolor y la muerte lenta y sigilosa que nos rodea

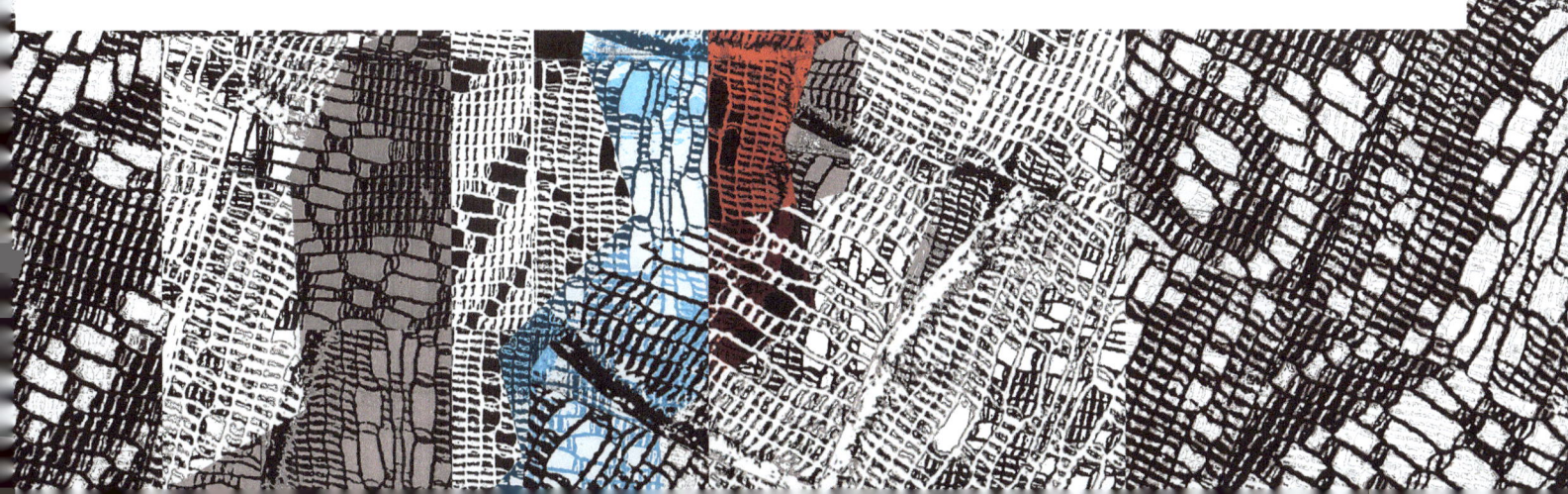

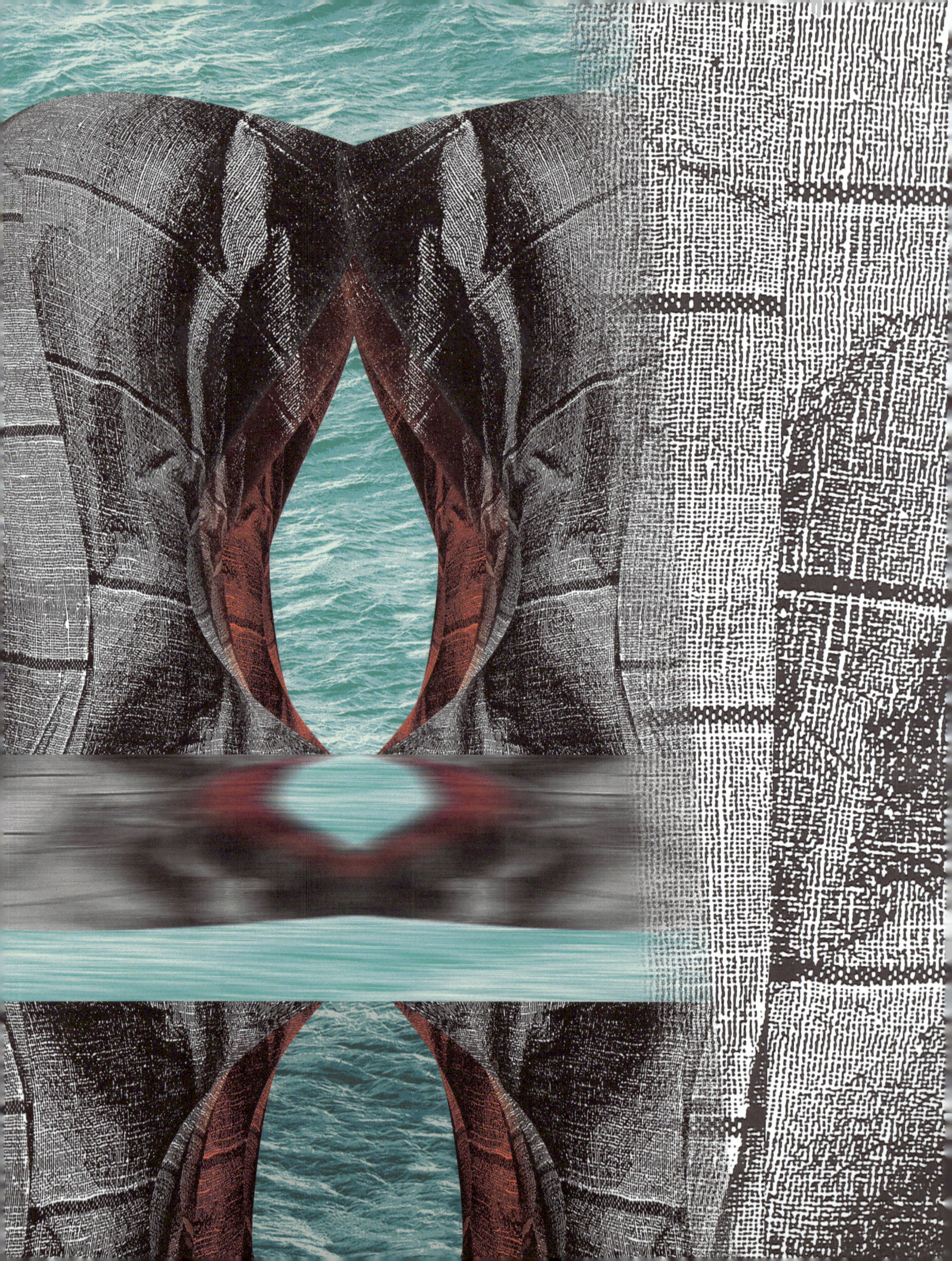

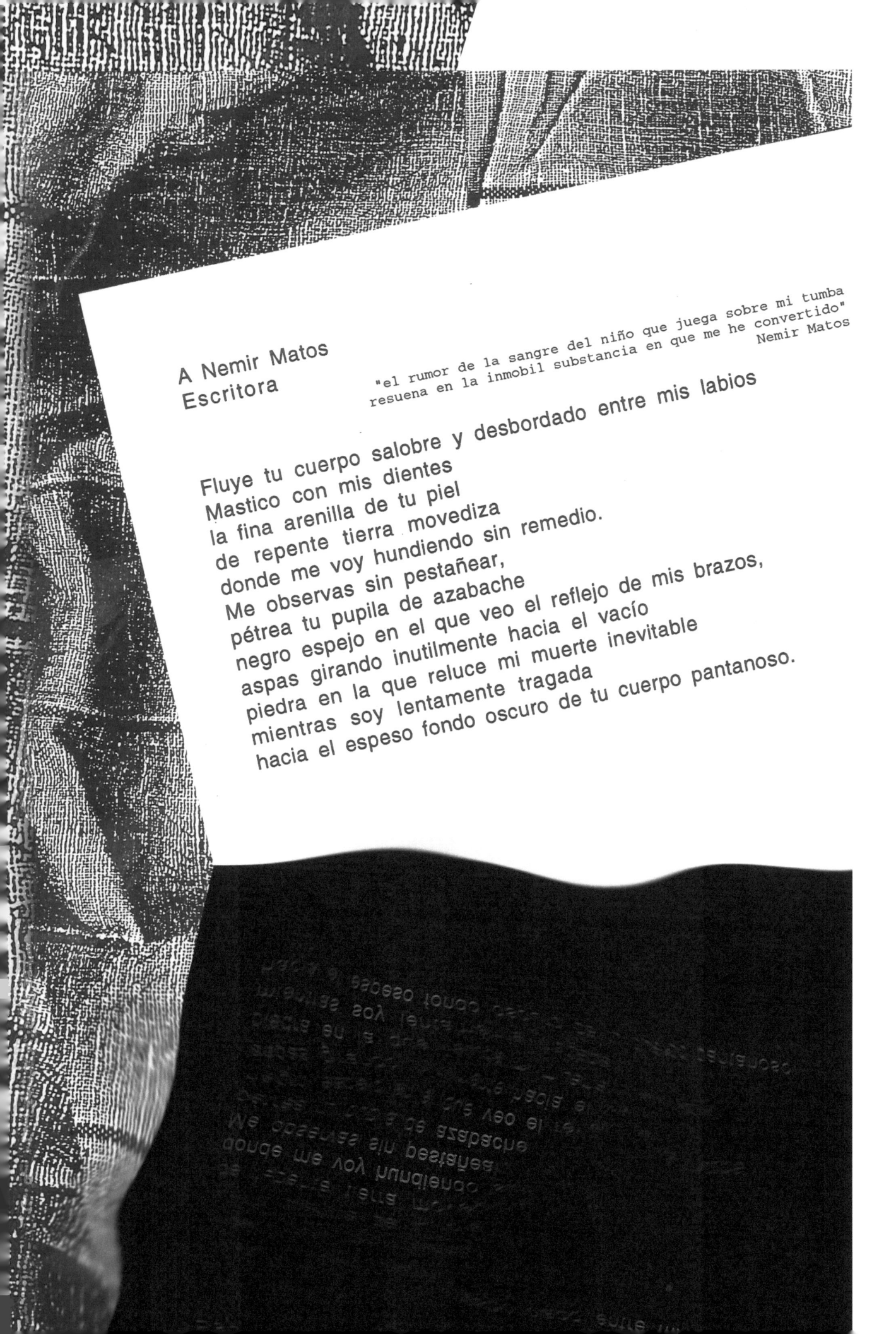

A Nemir Matos
Escritora

Fluye tu cuerpo salobre y desbordado entre mis labios
Mastico con mis dientes
la fina arenilla de tu piel
de repente tierra movediza
donde me voy hundiendo sin remedio.
Me observas sin pestañear,
pétrea tu pupila de azabache
negro espejo en el que veo el reflejo de mis brazos,
aspas girando inutilmente hacia el vacío
piedra en la que reluce mi muerte inevitable
mientras soy lentamente tragada
hacia el espeso fondo oscuro de tu cuerpo pantanoso.

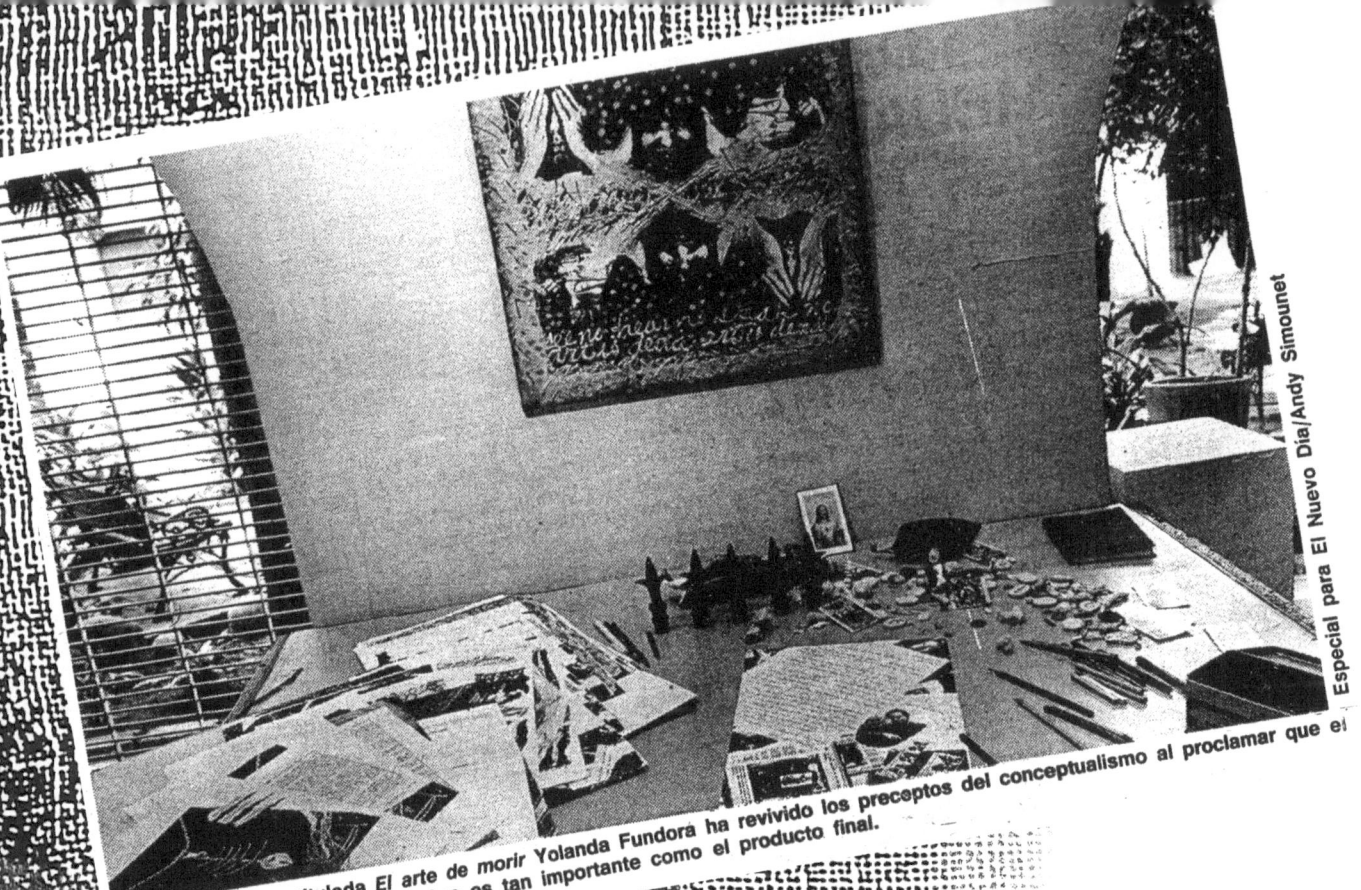

En la instalación titulada *El arte de morir* Yolanda Fundorá ha revivido los preceptos del conceptualismo al proclamar que el proceso de creación de una obra es tan importante como el producto final.

Favor de tocar esta obra

Esta obra no ha sido completada. No ha sido completada a proposito. Requiere su participación para completarse. Las reglas de participación son sencillas.

1. Sentarse
2. Hojear las páginas sobre las mesas.
3. Mirar o leer lo que le llame la atención.
4. Tomar lápiz o pluma y dibujar en imágen o palabras su reacción.

Todo sobre la mesa se puede tocar.

Gracias.

La instalación titulada *El Arte de Morir* fue presentada en la Liga de Arte de Puerto Rico el 10 de febrero del 1991. Yolanda me invitó a participar y de ahí surgieron los poemas que hoy componen el espacio poético llamado igualmente El Arte de Morir. La propuesta artística de la instalación de Yolanda partía de la premisa de que el proceso de creación artística es tan importante como la obra final y por lo tanto el concepto del arte como un producto estático está muerto. El cuadro *Art is Dead* coronaba la pared donde se encontraba la instalación.

Mis poemas, colocados sobre una mesa de dibujo, compartían el espacio con fotocopias de bocetos dibujados por Yolanda, crayones, lápices, y páginas con áreas en blanco. El letrero *Se puede tocar* fue parte importante de la instalación ya que invitaba al público a ser partícipe y contribuir tanto con imágenes como con escritos.

El pintor y artista gráfico, Joaquín Reyes, (1949 - 1994) dejó el esbozo de un ser alado, tal vez premonición de su partida de este plano tres años más tarde. La poeta y abogada, Ana Irma Rivera Lassén dejó su poema dedicado a los adioses que no se dieron, incluyendo la despedida de sí misma ante su propia muerte.

Su poema provocó la segunda parte de la colección de poemas dedicado a mi propia muerte y a la muerte de Eros y el amor. El título, *La pequeña muerte* surge de una idea atribuida a Sigmund Freud, por la cual el orgasmo se entiende como la pequeña muerte. Este idea resonó en mi ya que toda vez algo de nosotros muere con la muerte del amor y la pasión.

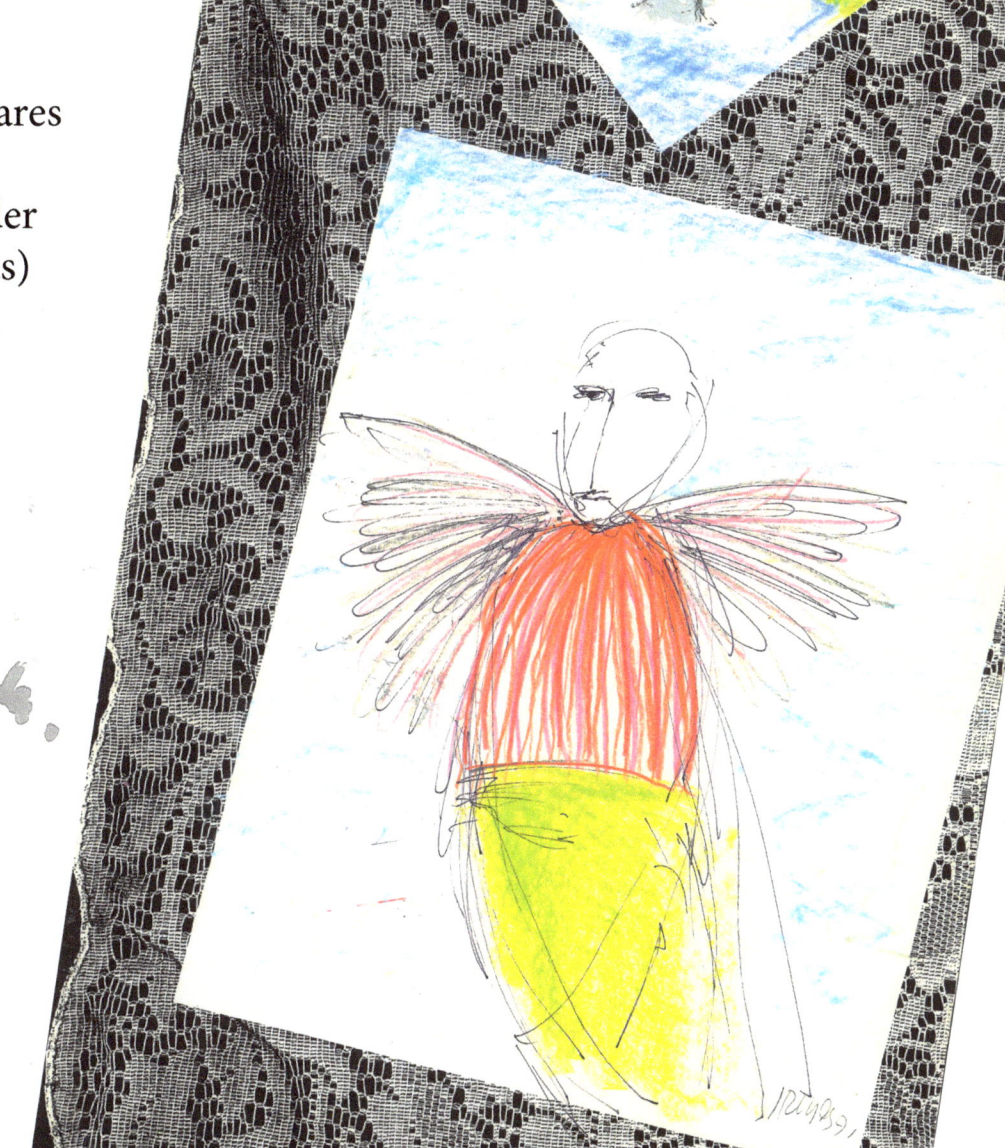

Hoy me enteré que perdí tu despedida
Solo me quedo el "lo siento"
A mi misma, a los recuerdos
hoy me preparo para el luto
De los amigos, amigas, familiares
De mi misma
Hoy me preparo para no perder
La esquela de los olvidados (as)
Porque no miramos el espejo.

Ana Irma Rivera Lassén
12 de febrero 1991

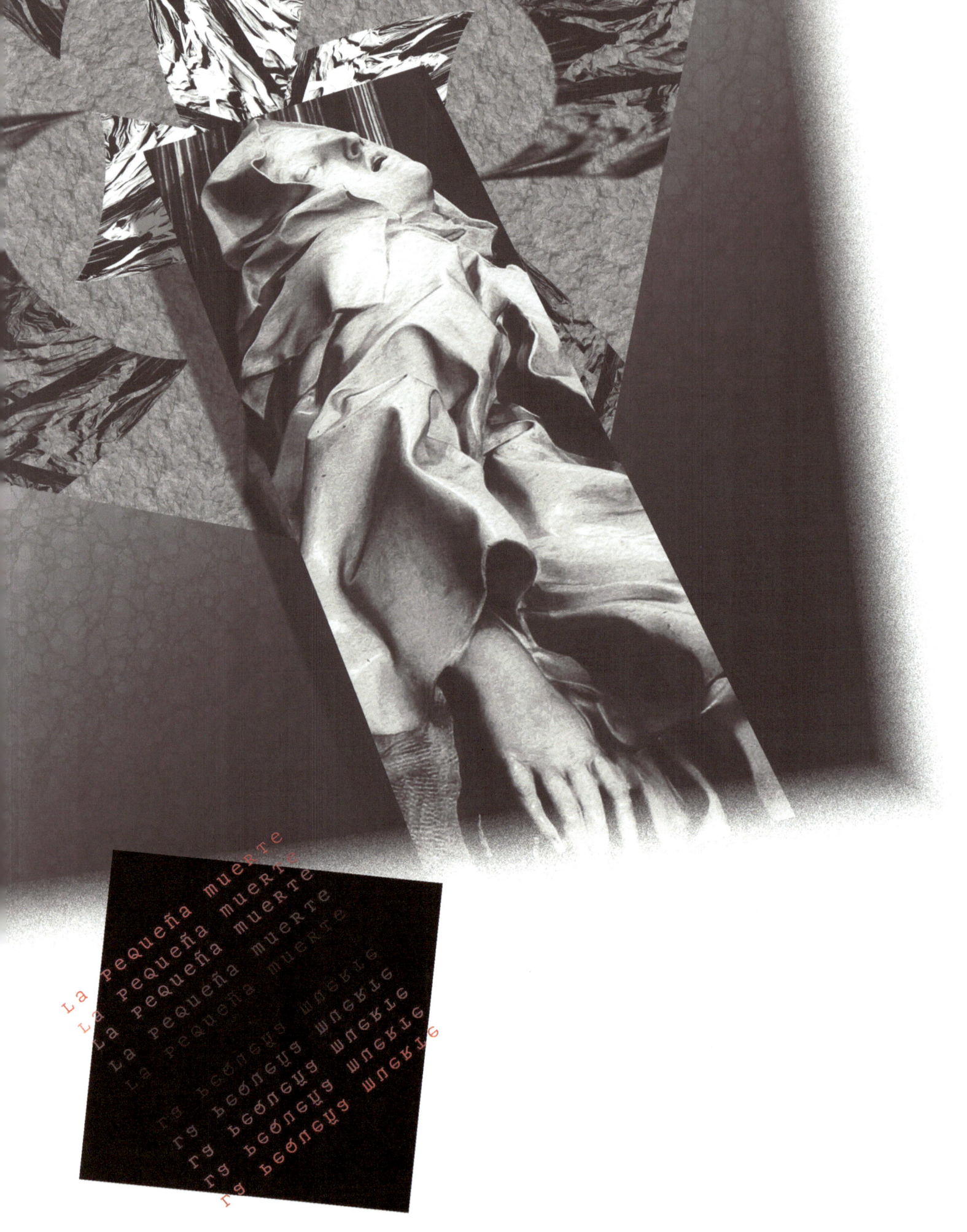

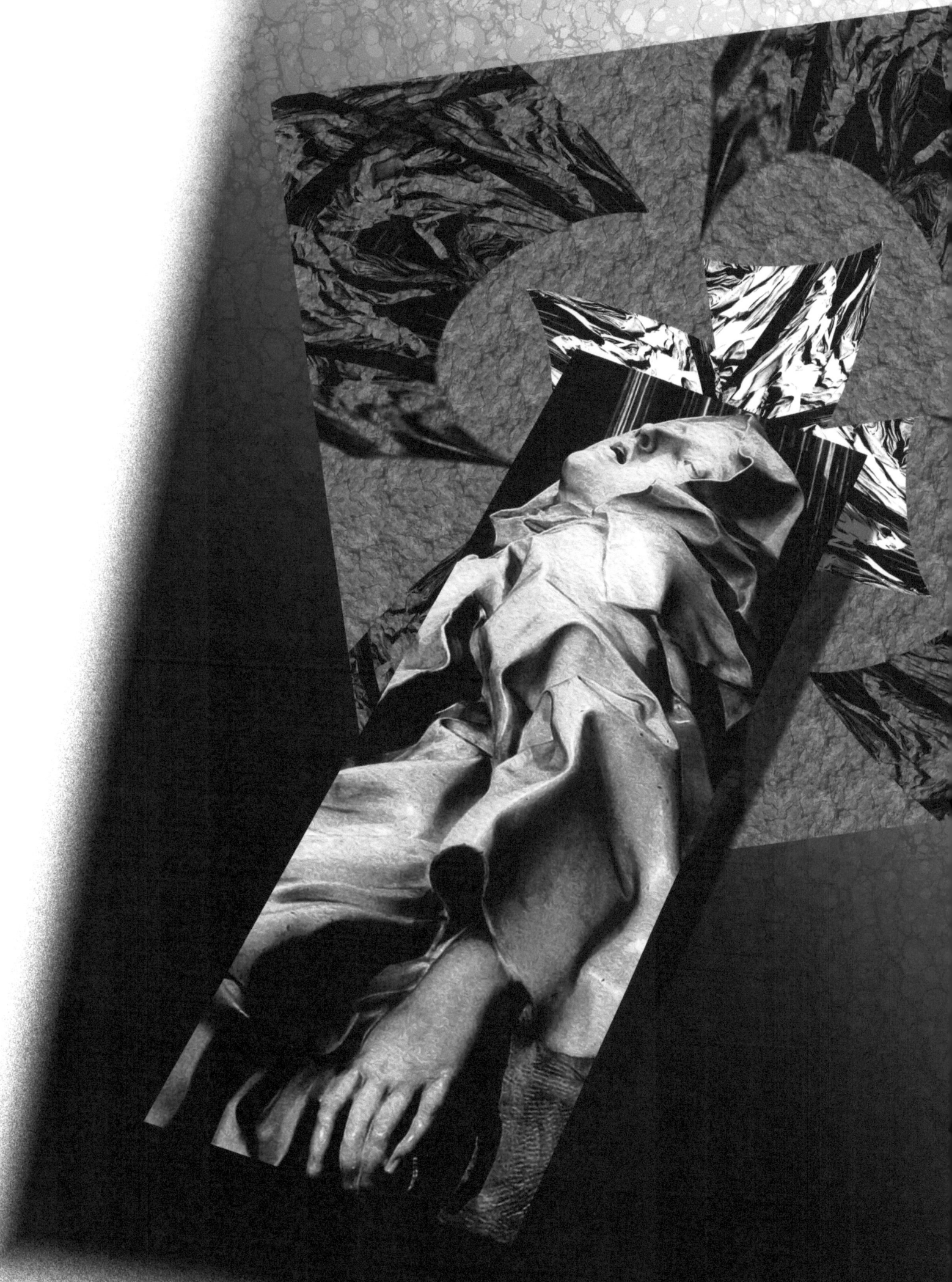

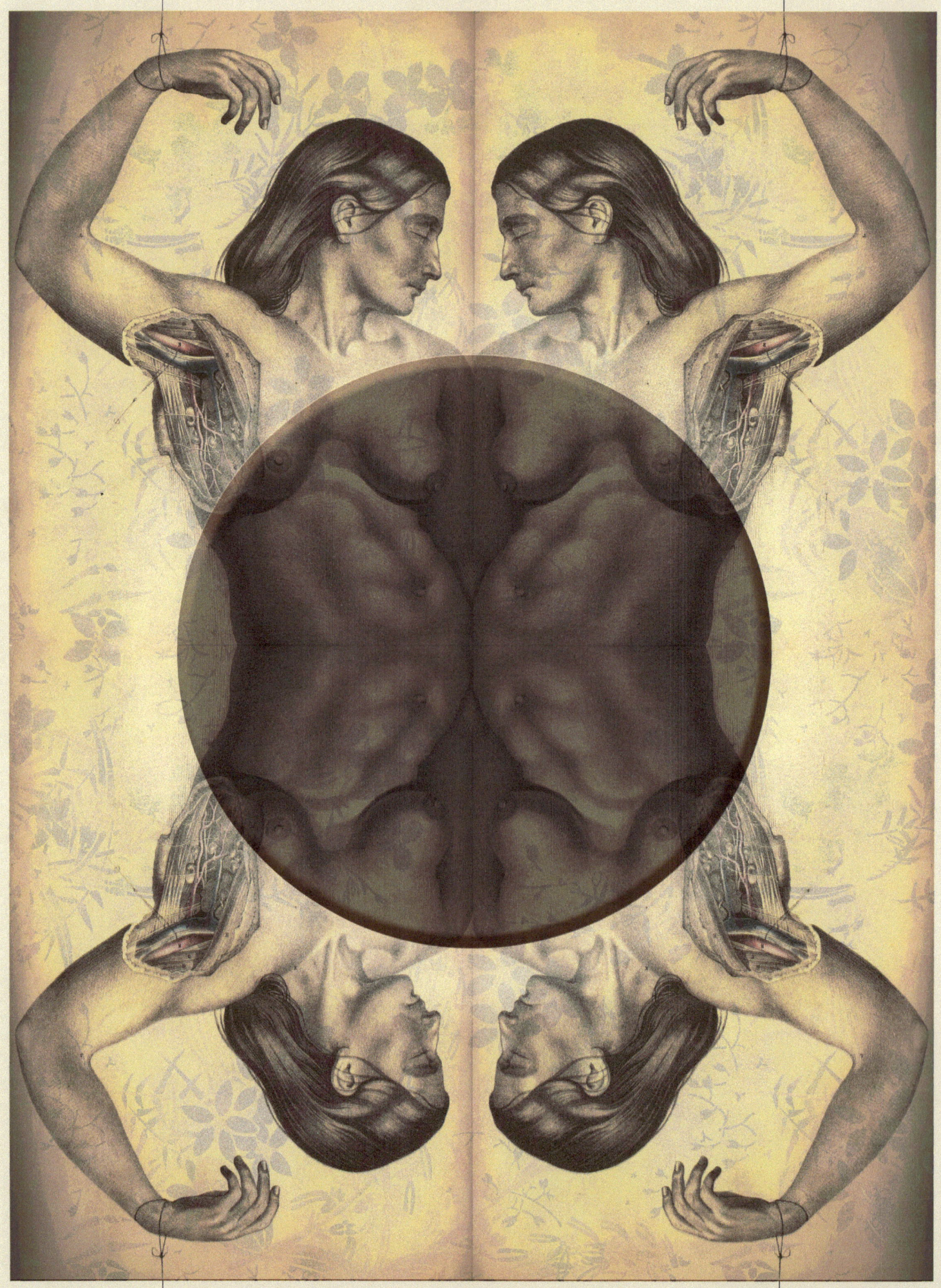

Arte Poética

Todo conspira contra el poema.
La luz atravesando el tragaluz
multiplicada en haces y vectores luminosos
trasciende la geometría de mi estrofa.

El arte es artificio
más parecido a una máquina de escribir
que a una sonrisa o un pez volador
y sin embargo
el amor es artificio
construcción de pasión encima de casi metro y medio
                              de piel sangre y huesos.

Todo conspira contra el poema
y a la vez
todo lo amado, sentido y pensado es
                              una gran metáfora.

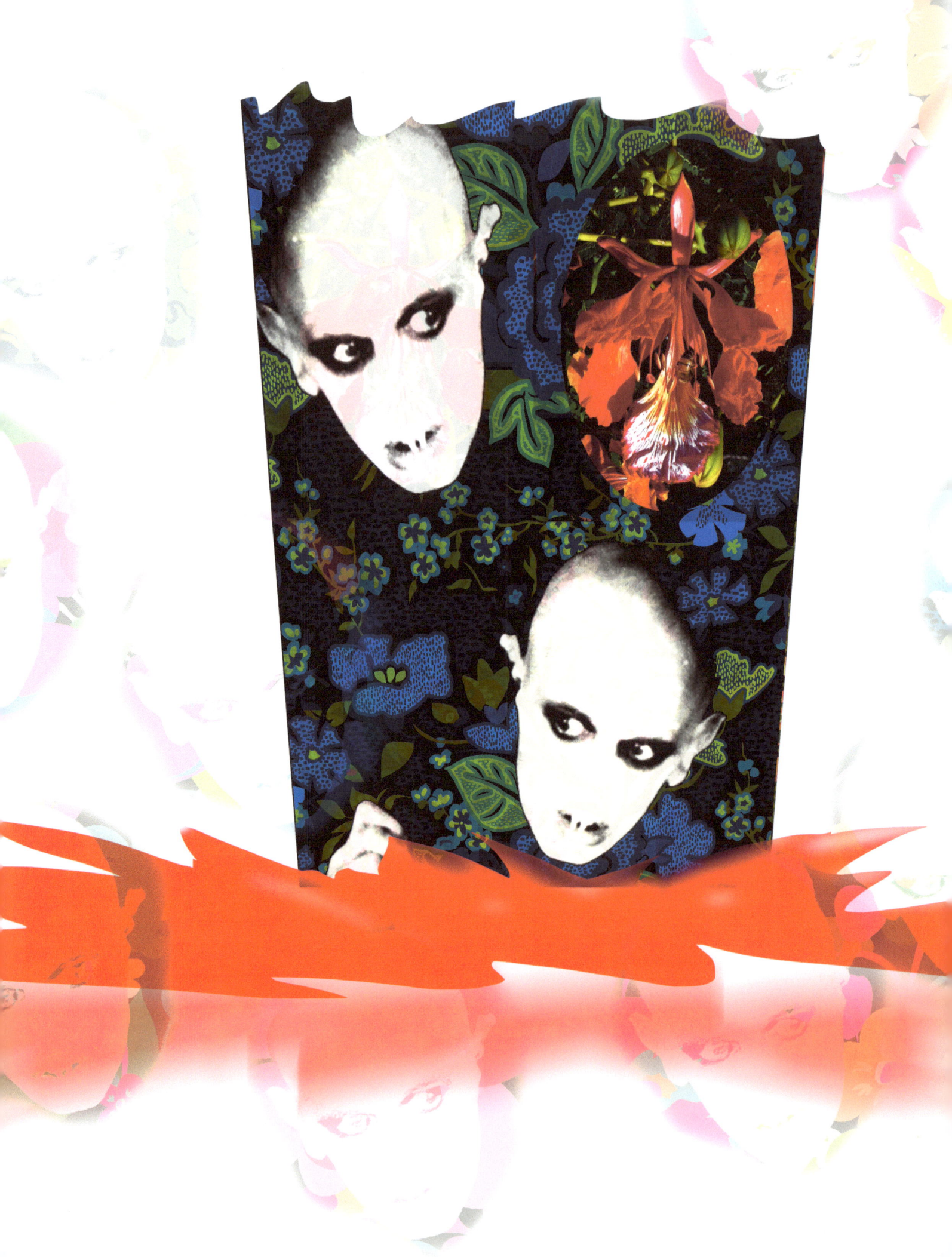

Nosferatu del Caribe

Hundo mi colmillo

bañado en la sangre de tus flamboyanes

mientras desgajo tu carne

Roja pulpa ..resbala sedosa por mi garganta

Bebo de la arteria

que conduce al centro de la tierra

a tu antes blanda carne de la mar

ahora piedra

      luna desolada

superficie que no conoce la pasión

pero la provoca

el árido y rugiente oleaje

de tus mares de piedra y meteorito

se avalanza contra mi

      Me arropa.

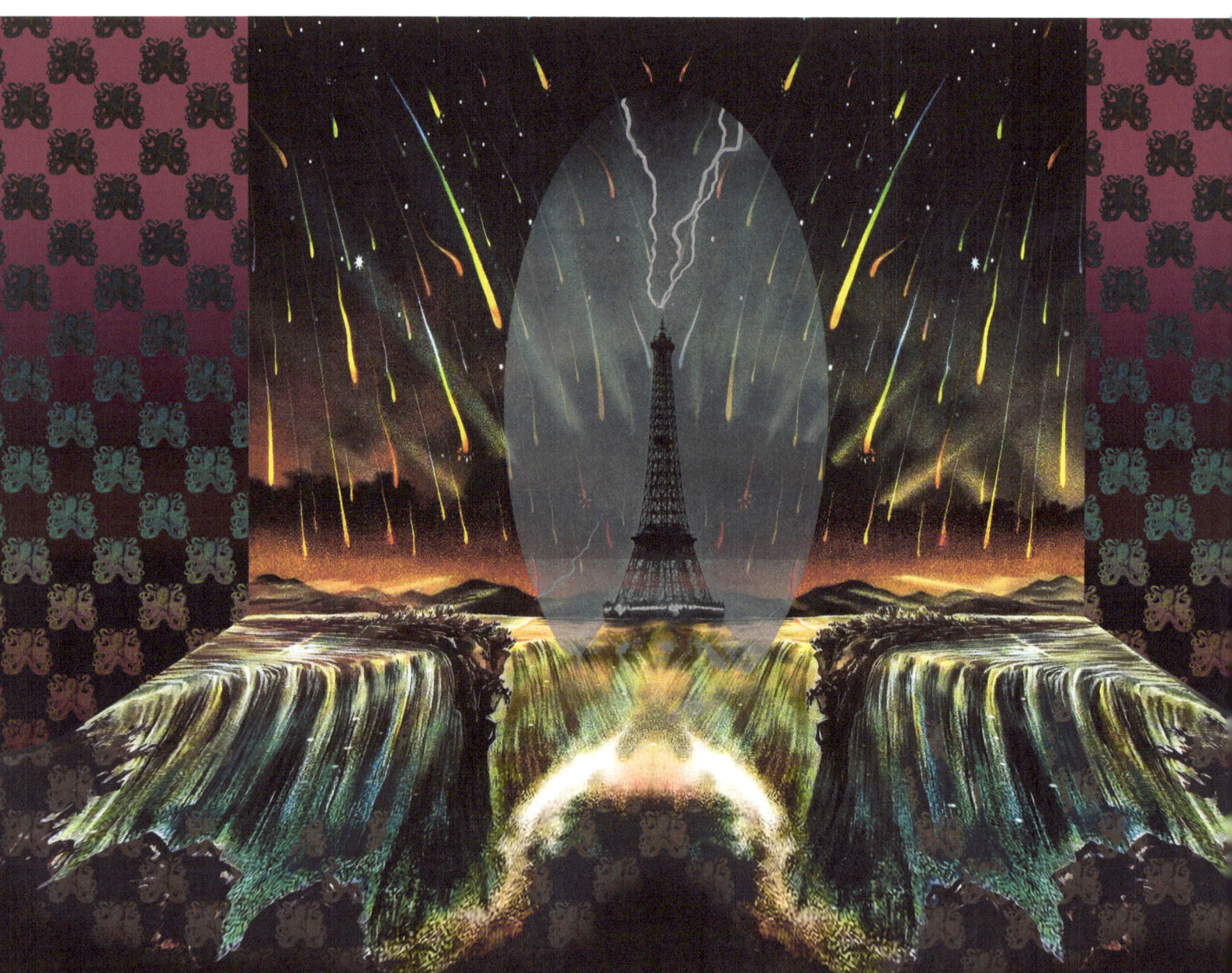

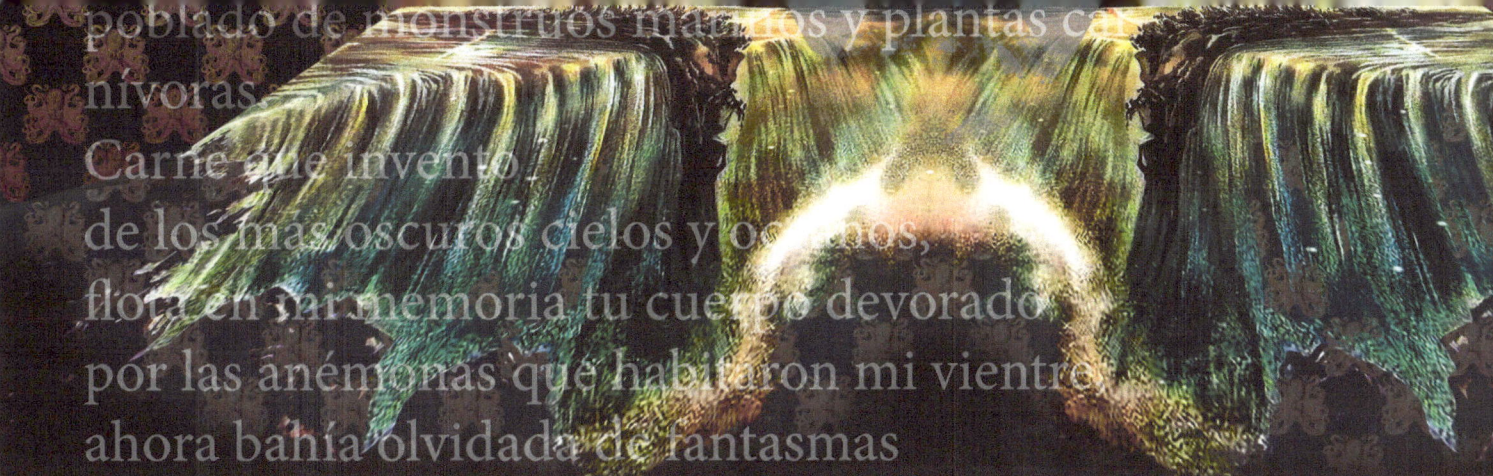

poblado de monstruos marinos y plantas carnívoras.
Carne que invento
de los más oscuros cielos y oceanos,
flota en mi memoria tu cuerpo devorado
por las anémonas que habitaron mi vientre,
ahora bahía olvidada de fantasmas

La Venida

Oigo crujientes mástiles legendarios
estallar en agujas lanzadas hacia el cielo al venirte
en mi boca.
Razgan filosas mi paladar
hasta sangrar el fondo de mi antiguo espejismo
poblado de monstruos marinos y plantas
carnívoras.
Carne que invento
de los más oscuros cielos y oceanos,
flota en mi memoria tu cuerpo devorado
por las anémonas que habitaron mi vientre,
ahora bahía olvidada de fantasmas

La Venida

Oigo crujientes mástiles legendarios
estallar en agujas lanzadas hacia el cielo al venirte
en mi boca.

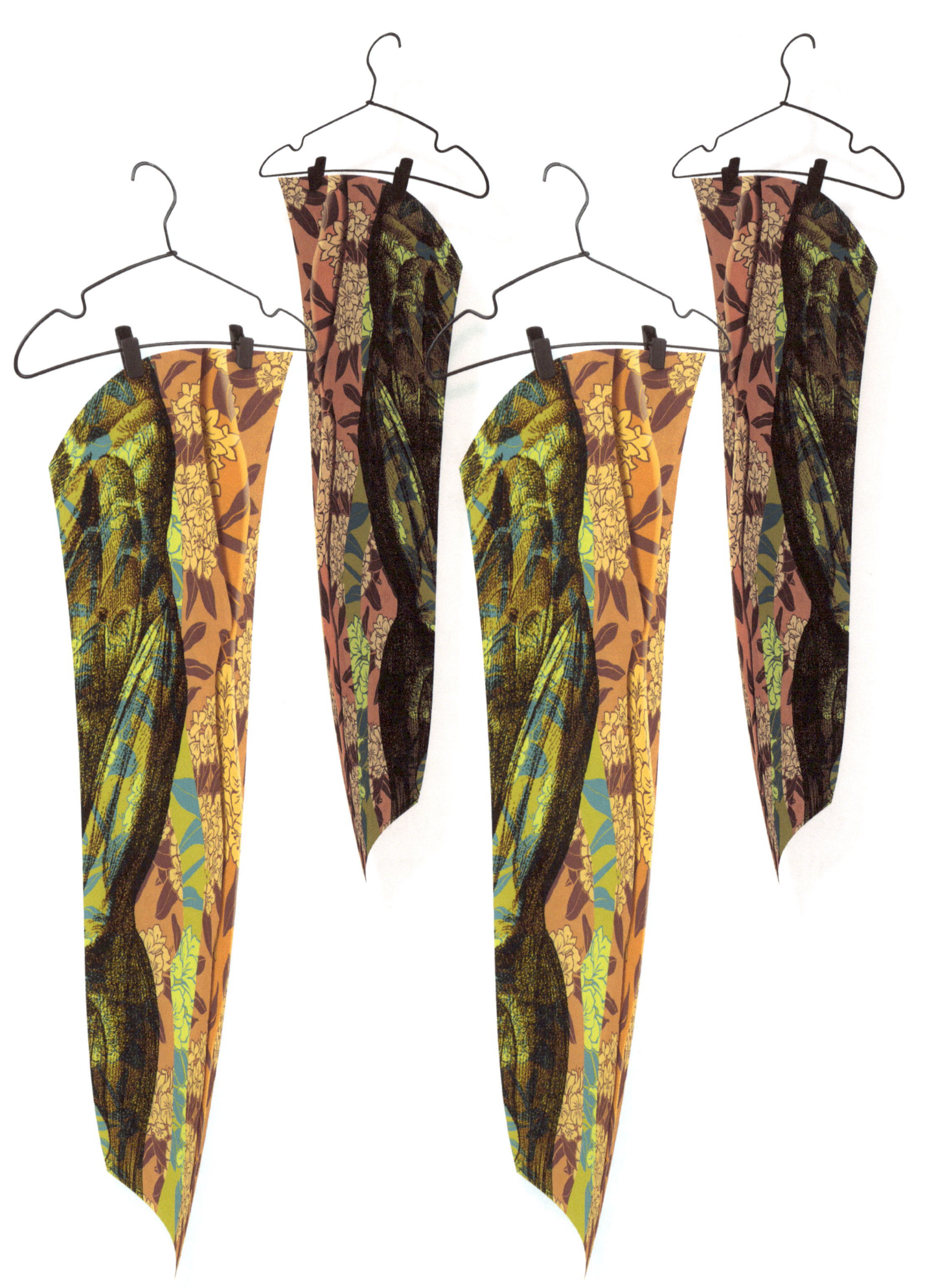

De las cosas

Dónde gira tu cuerpo desdoblado
traje colgado ahora del perchero
mangas vacías   abandono de piernas invisibles
huecos zapatos mirándose las puntas en el closet
                                        abierto
No estás entre las cosas que me pueblan
sólo persiste tu sudor en el agrio de la sábana
y me abraza de noche

Tierra fértil arropando mi cadáver.

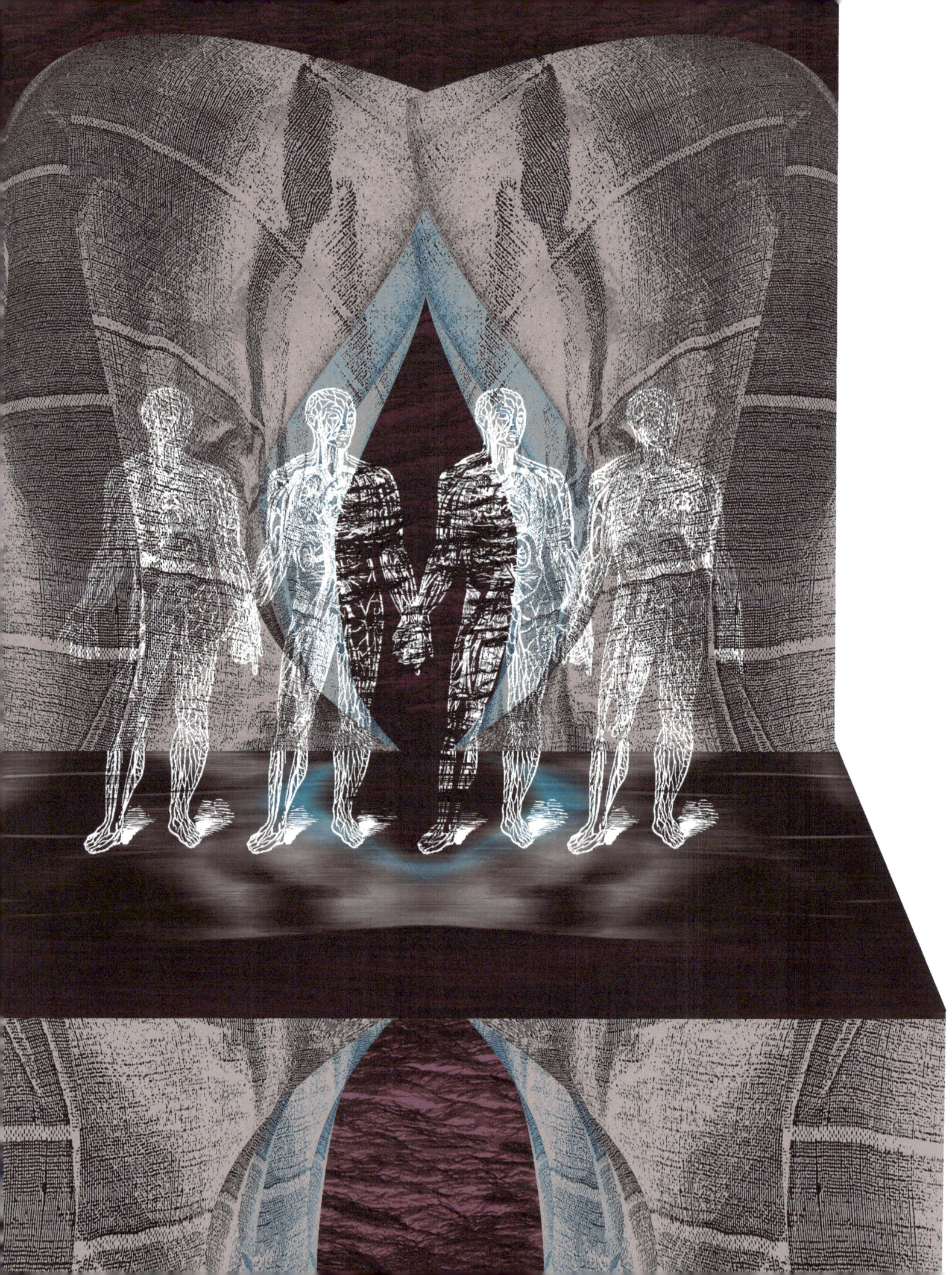

Sobre Nemir Matos Cintron

Nació el 19 de noviembre de 1949 en Puerto Rico. Recibió su Bachillerato en Humanidades de la Universidad de Puerto Rico, su Maestría en Producción de Radio y Televisión de Syracuse University y su Doctorado en Educación de Nova Southeastern University. Creadora y guionista de la serie televisiva dramática, Insólito basada en fenómenos sobrenaturales en el Caribe. Ha publicado tres libros de poesia: **Las Mujeres no hablan asi, A traves del Aire y el Fuego, pero no del Cristal** (1981) y **Aliens in NYC** (2011). Ha publicado además en varias antologías literarias tanto en Puerto Rico como en los Estados Unidos entre ellas: **Los Otros Cuerpos** (2007) y **Abriendo Caminos: antología de escritoras puertorriqueñas en Nueva York 1980-2012** (2012). Radica en los Estados Unidos donde trabaja como Diseñadora Instruccional.

About Nemir Matos Cintron

She was born on November 19, 1949 in Puerto Rico. She received a B. A. Humanities from the University of Puerto Rico, a Masters in Radio and Television Production from Syracuse University and her doctorate in education from Nova Southeastern University. Creator and writer of a prime-time dramatic television series, Insólito based on supernatural phenomena in the Caribbean. She has published three books of poetry: **Las Mujeres no hablan asi, A traves del Aire y el Fuego, pero no del Cristal** (1981) y **Aliens in NYC** (2011). She has also published in several literary anthologies both in Puerto Rico and the United States including: **The Other Bodies** (2007) and **Breaking Ground: Anthology of Puerto Rican Writers in New York 1980-2012** (2012). Lives in the United States where she works as Instructional Designer.

Sobre Yolanda V. Fundora

Yolanda Fundora nació en La Habana, Cuba. Se crió en la ciudad de Nueva York y cursó estudios en el College of Visual and Performing Arts de Syracuse University. Se radicó por diez años (1981-1991) en San Juan, Puerto Rico, donde se dedicó a las artes visuales y se destacó como miembro fundador de Las Mujeres Artistas de Puerto Rico. Allí participó en dos exhibiciones capitales del Museo de Arte Contemporáneo (MAC). La primera exhibición (1990): **Arte y Comunicación** exploró el uso de las tecnologías modernas como medio en el arte contemporáneo. La segunda exhibición: **Hacia una estética digital: El arte de Yolanda Fundora**, subrayó las características singulares que aporta la producción digital a las artes visuales. Regresó a la ciudad de Nueva York en el 1991 y actualmente reside en Chatham, Nueva Jersey.

Yolanda Fundora se ha dedicado a la creación de arte digital desde el 1985, año en el cual adquirió su primer ordenador Mac 512K. El trabajo de Fundora forma parte de muchas colecciones privadas y corporativas, incluyendo la colección permanente del Museo de Arte Contemporáneo de Puerto Rico (MAC). Es coautora del libro: **A Garden Alphabetized (for your viewing pleasure)** (2008) junto a la escritora de temas botánicos, Marta McDowell. El texto del libro se inspiró en la serie de impresos digitales del mismo nombre producidos por Yolanda. Además de su arte visual, Fundora crea diseños textiles e ilustra libros para niños. Trabaja además con empresas locales ayudándoles a crear una imagen gráfica distintiva. Desarrolla su trabajo artístico actual exclusivamente de forma digital. Su obra se encuentra en exhibición permanente en su galería JOURNEYS situada en MONDO en Summit, Nueva Jersey. Su página web es: www.urban-amish.com. Tambien ha escrito un libro titulado: **Hacia una estética digital: El arte de Yolanda Victoria Fundora**

About Yolanda V. Fundora

Yolanda Fundora was born in Havana, Cuba. She grew up in New York City, studied at the College of Visual and Performing Arts at Syracuse University, spent 10 years making art in San Juan, Puerto Rico and returned in 1991 to New York City. She currently lives in Chatham, New Jersey.

She has been making art in the digital realm since acquiring her first Mac 512K computer in 1985. She has participated in two major shows at the Museum of Contemporary Art in San Juan, Puerto Rico. The first in 1990 was **Art and Communication** explored the use of modern technologies as media for contemporary art. The second of these: **Toward a Digital Aesthetic: The Art of Yolanda Fundora**, emphasized the unique characteristics that digital production brings to the visual arts. Fundora's work forms part of many private and corporate collections including the Museum of Contemporary Art's permanent collection. **A Garden Alphabetized (for your viewing pleasure)** (2008) co-authoured with botanical writer, Marta McDowell is based on Yolanda's digital print series by the same name. Besides her fine art, Yolanda designs textiles, illustrates children's books and works with local businesses to create their own unique branding. Her current work, all digitally imagined, is exhibited on an ongoing basis at her JOURNEYS Gallery located at MONDO in Summit, NJ. Her website: www.urban-amish.com. She has also written a book titled: **Toward a Digital Aesthetic: The Art of Yolanda Victoria Fundora.**